WOLFGANG AMADEUS MOZART

EINE KLEINE NACHTMUSIK

Serenade
for Strings
G major/G-Dur/Sol majeur
K525

Edited by/Herausgegeben von
Dieter Rexroth

T0081231

Ernst Eulenburg Ltd

London · Mainz · Madrid · New York · Paris · Prague · Tokyo · Toronto · Zürich

CONTENTS

Performing material based on this edition is available from the publisher/
Der hier veröffentlichte Notentext ist auch als Aufführungsmaterial beim Verlag erhältlich/
Le matérial d'exécution réalise à partir de cette éditon est disponible auprès de l'éditeur

Eulenburg Orchestral Series: EOS 218

Ernst Eulenburg Ltd
48 Great Marlborough Street
London W1F 7BB

PREFACE

The Serenade in G major K525, *Eine kleine Nachtmusik*, is one of the best-known and best-loved works of Wolfgang Amadeus Mozart and is also one of the most popular pieces of 'classical' music in general. It is Mozart's last contribution to the 'serenade' genre with which he had for a time been so involved. The Salzburg Serenades of the 1770s are functional (*Gebrauchsmusik*), owing their existence, without exception, to specific events and circumstances, but this did not prevent Mozart from attaching increasing artistic value to this music. The three 'big' wind serenades which he composed in Vienna between 1781 and 1782 mark an unmistakable break with the realms of socially orientated entertainment. The 'serenade' assumes the characteristics of chamber music and aspires to its greater artistic demands.

Mozart's Serenade K525 marks the final retreat and decline of the traditional instrumental serenade. It is the product of an artistic and stylistic awareness which, to use the language of the times, 'lays claim to a quite specialized and sustained character' and which attempts to achieve the unified and integrated structure dictated by the formal principles of the symphony and chamber music. If Mozart's earlier serenades were characterized by a juxtaposition or intermingling of contrasted instrumental groups and by the tensions created by the resulting diversity of sound and colour, in *Eine kleine Nachtmusik* Mozart rejected such tensions in favour of a highly subtle differentiation within the homogeneous string group. He in fact employed a greater number of stringed instruments in the *Kleine Nachtmusik* and did away with the wind section on which, as open-air music, the serenade had always depended. The refined nature of this work indicates the distance at which it stands from the old type of serenade which, being functional music, could not cope with sophisticated compositional techniques because they would have detracted from it as entertainment.

Even if many of the features of the 'old' serenade are no longer apparent, in Mozart's *Kleine Nachtmusik* one cannot fail to recognize the close relationship the overall musical sound bears to the traditional serenade. The impression is of something simple, entertaining and in fact undemanding. Yet this effect is achieved by means of the greatest possible artistic skill and understanding. There is nothing extraneous or superfluous. The form, while showing an extravagant melodic richness, is concisely and clearly delineated. Throughout, the hallmark of this last Mozart serenade is a matchless perfection and mastery; it was to be followed the next year (1788) by the Divertimento in E flat major K563 in which the composer finally made it clear that for him traditional socially orientated music together with its peculiar demands was no longer valid.

Despite its unquestioned accomplishment, this work nevertheless presents us with a few puzzles. We know that the *Kleine Nachtmusik* was written in 1787 – the year in which Mozart's father died and, above all, the year of *Don Giovanni*. But we do not know the reason for its composition, nor do we have any clues as to whether the work was performed during Mozart's own lifetime and, if so, when. In addition, the work as we know it is certainly not in its original form. It is clear from Mozart's own handwritten catalogue, which includes all his compositions from February 1784 on, that the piece originally had five movements, not four. On 10 August Mozart noted

Eine kleine NachtMusick, consisting of an Allegro, Minuet and Trio, Romance, Minuet and Trio, and Finale. – 2 violini, viola e bassi.[1]

Thus, as was usual in the serenade form of Mozart's day, the first version of the work con-

---

[1] Wolfgang Amadeus Mozart, *Verzeichnis aller meiner Werke*, ed. Erich Hermann Müller von Asow (Vienna/Leipzig, 1943), 64

tained two minuets and trios – there was originally a Minuet and Trio inserted between the Allegro and the Romance. Has it been lost – or even forcibly removed? We do not know. The accuracy of Mozart's entry in his catalogue can be confirmed by the autograph score. In the sequence of eight rectangular and uncut pages, numbered in Mozart's own hand, page 3 is missing. It occupies precisely the space between the Allegro and the Romance and must therefore have contained the missing first Minuet.

The handwritten score was found amongst Mozart's estate, which was acquired in January 1800 by the publisher and great admirer of Mozart, Johann Anton André of Offenbach. The first edition of the instrumental parts, based on the autograph score, appeared in 1827. It bore the title 'Serenade' but consisted of only four movements – whereas the catalogue published by André in 1805 identifies five movements (see above). It is probable that in spite of the conscientiousness of the publisher, he had acquired the MS without page 3. After André's death, his collection was divided up between his sons and sons-in-law with the result that a considerable amount of material of interest to the public vanished. The *Kleine Nachtmusik* was thought for many decades to be lost without trace. Breitkopf & Härtel were unable to use it as source material in their 1883 Mozart Complete Edition nor could it be used for any subsequent editions. In 1943 it was found again by Manfred Gorke in a private collection. Stored temporarily by Bärenreiter in Kassel, it is now once again in private hands.

The discovery of the MS made it possible for the edition that appeared in the New Mozart Complete Edition, published by the Internationale Stiftung Mozarteum, to be based on this source. In 1956 the work was issued by Ernst Fritz Schmid as an *Urtext*[2] and in 1955 Bärenreiter brought out a facsimile of the handwritten score.[3] The autograph is executed with the utmost care; it is remarkable for its lively quality and is very beautiful to look at. It shows no signs of any correction and bears typically Mozartian features. For example, the repeats are not written out but are indicated by a 'dal segno'.

The present edition of the score is based on the autograph text – the only important source. In the revision of the text special care was taken to distinguish between a vertical stroke (wedge) and a dot over a note (ı ·). For Mozart and for his times these two articulation signs had 'separate meanings which should be clearly differentiated'.[4] In considering these differences it was not just Mozart's notation and its visual richness which were borne in mind. The intention was also to make clear that for practical performance the different signs indicate different expressive nuances. It is now known that with these articulation marks Mozart wanted to convey quite specific differences in expression.

In Mozart's MSS generally, and thus in that of the *Kleine Nachtmusik*, one finds signs that are something between a dot and a stroke. An explanation for this could be that Mozart had not in fact taken the distinction so seriously. Research has nevertheless revealed that it is possible to detect a system in Mozart's use of strokes and dots and that they are associated with particular stylistic features of his music. Such principles would include for example the following: if detached notes occurring between slurred notes have articulation marks they would be strokes; on the other hand, those occurring within a legato slur would always have dots, never strokes. Nevertheless dots will remain in a repeated passage which in its first statement contains a legato slur plus dots but which on repetition loses the slur. This does not exclude exceptions in which one cannot be at all sure that Mozart was seeking to give specific values to the expression marks by using them

[2] W. A. Mozart. *Neue Ausgabe sämtlicher Werke*, Serie IV, Werkgruppe 12: Kassationen, Serenaden und Divertimenti für Orchester, Vol. 6

[3] *Eine kleine Nachtmusik*. Facsimile of the original manuscript, edited and with a postscript by Manfred Gorke (Kassel, 1955)

[4] Hermann Keller, in *Die Bedeutung der Zeichen Keil, Strich und Punkt bei Mozart. Fünf Lösungen einer Preisfrage*, ed. Hans Albrecht (Kassel, 1957), 20

in other contexts.[5] In such cases, however, Mozart has usually made his intentions sufficiently clear for an accurate interpretation to be possible. In this connection one should note that if the repetition of a passage does not bear expression marks, these are to be regarded as equivalent to those of the first statement of the passage. Any divergence is clearly marked by Mozart.

The editor's emendations and additions are indicated by the use of square brackets. These are basically those additions whose contents can be accurately determined by means of analogous passages.

Dieter Rexroth
Translation: Penelope Souster

---

[5] Hubert Unverricht, in *Die Bedeutung der Zeichen Keil, Strich und Punkt bei Mozart*, op. cit., 28

VORWORT

Die Serenade *Eine kleine Nachtmusik* in G-Dur KV 525 zählt zu den bekanntesten und beliebtesten Werken Wolfgang Amadeus Mozarts und zu den volkstümlichsten Werken der „klassischen" Musik überhaupt. Es ist Mozarts letzter Beitrag zur Gattung der „Serenade", die ihn zeitweilig stark beansprucht hatte. Die Salzburger Serenaden der 1770er Jahre sind Gebrauchsmusiken; ihre Entstehung verdankt sich durchweg bestimmten Anlässen und Aufträgen. Das hinderte Mozart nicht, mit dieser Musik einen ständig wachsenden Kunstanspruch zu verbinden. Die drei „großen" Bläserserenaden, die Mozart 1781/82 in Wien komponierte, markieren unverkennbar die Loslösung aus der gesellschaftlichen Unterhaltungssphäre. Die „Serenade" übernimmt die Züge der Kammermusik und geht schließlich in deren hohen Kunstanspruch auf.

Mozarts Serenade KV 525 unterstreicht dann noch einmal und letztmalig die Auflösung und Überwindung des traditionellen instrumentalen Serenadentypus. Sie ist von einem Stil- und Kunstbewusstsein getragen, das „Anspruch auf einen festbestimmten und durchgehaltenen Charakter" erhebt, um in der Sprache der Zeit zu sprechen, und eine Geschlossenheit und Einheit der Gestaltung anstrebt, die von den Form- und Bildungsgesetzlichkeiten der Sinfonie und der Kammermusik her bestimmt werden. War die frühere Serenade Mozarts dadurch gekennzeichnet, dass die Instrumentengruppen kontrastierend gegeneinander gesetzt oder gemischt wurden, was zu vielfältigen Klang- und Farbspannungen führte, so verzichtet Mozart in der *Kleinen Nachtmusik* gerade auf diese Spannungsdimension, um diesen Verzicht allerdings wettzumachen durch ein Höchstmaß an Differenziertheit der Gestaltung innerhalb des homogenen Streicherensembles. Mozart verwendet in der *Kleinen Nachtmusik* eben nur mehr Streicher und verzichtet auf die Bläser, an deren Verwendung ursprünglich die Serenade als Freiluftmusik

engstens gebunden war. Der sublime Klangcharakter dieses Werks bezeichnet treffend den Abstand vom Typus der „alten" Serenade, die als Gebrauchsmusik keine kompositorischen Raffinessen und Komplikationen enthalten durfte, da hierdurch nur der Unterhaltungscharakter geschmälert worden wäre.

Auch wenn viele Merkmale der „alten" Serenade in Mozarts *Kleiner Nachtmusik* aufgehoben erschienen, so bleibt doch unüberhörbar, dass der musikalische Tonfall dieser Musik durchaus noch dem der traditionellen Serenade nahe steht. Alles an der *Kleinen Nachtmusik* wirkt einfach, unterhaltend und eigentlich nicht anspruchsvoll. Doch gerade diese Wirkung ist Resultat höchsten Kunstverstandes und größter Kunstfertigkeit. Auf jeden äußeren Effekt wird verzichtet. Die Form zeigt bei einer verschwenderischen melodischen Fülle klare und konzise Umrisse. Von jeher bilden unübertreffbare Meisterschaft und Vollkommenheit die Etikette dieser letzten Mozartschen Serenade, der der Komponist ein Jahr später (1788) noch das Divertimento in Es-Dur KV 563 folgen ließ, um damit endgültig zu bekunden, dass für ihn die traditionelle Gesellschaftsmusik mit ihren spezifischen Ansprüchen keine Gültigkeit mehr hatte.

Ungeachtet der nie in Zweifel gezogenen Vollendetheit gibt dieses Werk doch einige Rätsel auf. Wir wissen, dass die *Kleine Nachtmusik* 1787 komponiert wurde, also in dem Jahr, in dem der Vater starb und dann vor allem der *Don Giovanni* entstand. Den Anlass der Entstehung kennen wir allerdings nicht; ebenso wenig besitzen wir Anhaltspunkte darüber, ob und wann die Komposition zu Lebzeiten Mozarts aufgeführt wurde. Außerdem ist uns das Werk in einer Fassung überliefert, die mit Sicherheit nicht der ursprünglichen entspricht. Aus Mozarts eigenhändigem Werkverzeichnis seiner sämtlichen Kompositionen ab Februar 1784 geht zweifelsfrei hervor, dass die Komposition in ihrer Originalversion fünf und nicht nur vier Sätze hatte. Unter dem Datum 10. August notierte Mozart:

Eine kleine NachtMusick, bestehend in einem Allegro. Menuett und Trio. – Romanze. Menuett und Trio, und Finale. – 2 violini, viola e bassi.[1]

Wie für den Typus der Mozartschen Serenade üblich, enthielt das Werk in seiner originalen Fassung also zwei Menuette mit Trios, war ursprünglich zwischen Allegro und Romanze ein Menuett mit Trio eingeschaltet. Ist es verloren gegangen oder gar gewaltsam herausgetrennt worden? Wir wissen es nicht. Bestätigt wird die Richtigkeit von Mozarts Eintragung in seinem Werkverzeichnis durch das Autograph der Partitur. In der Folge der von Mozart eigenhändig paginierten acht querformatigen und unbeschnittenen Blätter fehlt das Blatt 3. Es füllt genau den Platz zwischen dem Allegro und der Romanze, muss also das verloren gegangene erste Menuett enthalten haben.

Die handschriftliche Partitur befand sich in Mozarts Nachlass, den im Januar 1800 der Verleger und große Mozart-Verehrer Johann Anton André aus Offenbach erwarb. 1827 erfolgte der Erstdruck der Stimmen, dem das Autograph zugrunde lag. Die Ausgabe trug den Vermerk „Serenade", enthielt aber nur vier Sätze, während das im Jahre 1805 von André veröffentlichte Werkverzeichnis tatsächlich fünf Sätze auswies (siehe oben). Bei der Gewissenhaftigkeit des Verlegers ist es wahrscheinlich, dass er das Partiturmanuskript ohne Blatt 3 übernommen hat. Nach Andrés Tod wurde seine Sammlung unter seinen Söhnen und Schwiegersöhnen aufgeteilt, was zur Folge hatte, dass vieles aus den Augen der interessierten Öffentlichkeit verschwand. Auch die *Kleine Nachtmusik* galt viele Jahrzehnte lang als verschollen. Sie lag als Quelle weder der Mozart-Gesamtausgabe bei Breitkopf & Härtel von 1883 noch allen weiteren Ausgaben zugrunde. 1943 fand dann Manfred Gorke das Manuskript in Privatbesitz wieder.

Zeitweilig im Bärenreiter-Verlag in Kassel aufbewahrt, befindet sich die Handschrift heute wieder in Privatbesitz.

Die Wiederauffindung der Handschrift machte es möglich, die Edition im Rahmen der Neuen Mozart-Gesamtausgabe, herausgegeben von der Internationalen Stiftung Mozarteum, an dieser Quelle zu orientieren. Das Werk wurde 1956 von Ernst Fritz Schmid als Urtextausgabe vorgelegt.[2] Daneben brachte der Bärenreiter-Verlag 1955 einen Faksimiledruck der Handschrift heraus.[3] Die Handschrift ist mit größter Sorgfalt angefertigt und zeigt eine bemerkenswerte lebendige Schönheit. Sie weist keine Korrekturen auf und bietet die für Mozart typischen Merkmale. So hat Mozart die Wiederholung gleichbleibender Teile nicht ausgeschrieben, sondern durch eine Bemerkung mit dem Dal Segno-Hinweis angedeutet.

Die nachstehende Ausgabe der Partitur stützt sich auf den Text des Autographs, das die einzig wichtige Quelle darstellt. Bei der Revision des Notentextes wurde vor allem die Unterscheidung zwischen Strich (Keil) und Punkt über der Note berücksichtigt (ı˙). Diese beiden Artikulationszeichen haben in der Mozart-Zeit und bei Mozart „verschiedene, klar auseinanderzuhaltende Bedeutung".[4] Die Berücksichtigung dieses Unterschiedes folgt also nicht nur dem Notenbild Mozarts und trägt dessen graphischem Reichtum Rechnung; sie will auch zum Ausdruck bringen, dass die verschiedenen Zeichen in der praktischen Aufführung unterschiedliche Ausdrucksnuancen bedeuten. Es ist heute erwiesen, dass Mozart mit der Unterscheidung der Artikulationszeichen die Absicht verband, seiner Musik eine besondere Ausdrucksdifferenzierung zu geben.

In Mozarts Handschriften und so auch in der seiner *Kleinen Nachtmusik* finden sich immer

---

[1] Wolfgang Amadeus Mozart, *Verzeichnis aller meiner Werke*, hg. v. Erich Hermann Müller von Asow, Wien/Leipzig 1943, S. 64.

[2] *W. A. Mozart. Neue Ausgabe sämtlicher Werke*, Serie IV, Werkgruppe 12: Kassationen, Serenaden und Divertimenti für Orchester, Band 6.

[3] *Eine kleine Nachtmusik. Faksimile der Originalhandschrift*, hg. und mit einem Nachwort von Manfred Gorke, Kassel 1955.

[4] Hermann Keller in: *Die Bedeutung der Zeichen Keil, Strich und Punkt bei Mozart. Fünf Lösungen einer Preisfrage*, hg. von Hans Albrecht, Kassel 1957, S. 20.

wieder Zwischenformen zwischen Strich und Punkt. Das könnte dahingehend ausgelegt werden, dass Mozart die Unterscheidung vielleicht doch nicht so ernst genommen hat. Untersuchungen haben jedoch ergeben, dass die Strich- und Punktsetzung bei Mozart durchaus auf Regeln zurückführbar ist, die an bestimmte Stilmerkmale seiner Musik gebunden sind. Zu solchen Grundsätzen gehört beispielsweise, dass einzeln stehende Noten zwischen gebundenen, wenn sie ein Artikulationszeichen erhalten, mit einem Strich versehen werden; andererseits stehen bei Vortragszeichen unter einem Legatobogen nie Striche, sondern immer Punkte. Ebenso stehen auch dann immer Punkte, wenn bei Tonwiederholungen, die üblicherweise einen Legatobogen mit darunter gesetzten Punkten tragen, der Legatobogen wegfällt. Das schließt Ausnahmen nicht aus, wie überhaupt festzustellen ist, dass Mozart den Vortragszeichen durch andere Zusammenhänge oft einen individuellen Wert zu geben suchte.[5] In solchen Fällen aber hat Mozart meist die einwandfreie Bestimmung durch deutliche Bezeichnung ermöglicht. In diesem Zusammenhang ist anzumerken, dass bei Wiederholungen von Passagen ohne Vortragsangaben diese an die Vortragszeichen beim erstmaligen Vorkommen der Passage angeglichen zu denken sind. Abweichungen werden von Mozart genau bezeichnet.

Die Berichtigungen und Ergänzungen des Herausgebers sind im Notentext gekennzeichnet durch die Setzung in eckige Klammern. Es handelt sich grundsätzlich um solche Ergänzungen, bei denen der Sachverhalt vor allem mittels Analogie zweifelsfrei geklärt werden kann.

Dieter Rexroth

---

[5] Hubert Unverricht in: *Die Bedeutung der Zeichen Keil, Strich und Punkt bei Mozart*, S. 28.

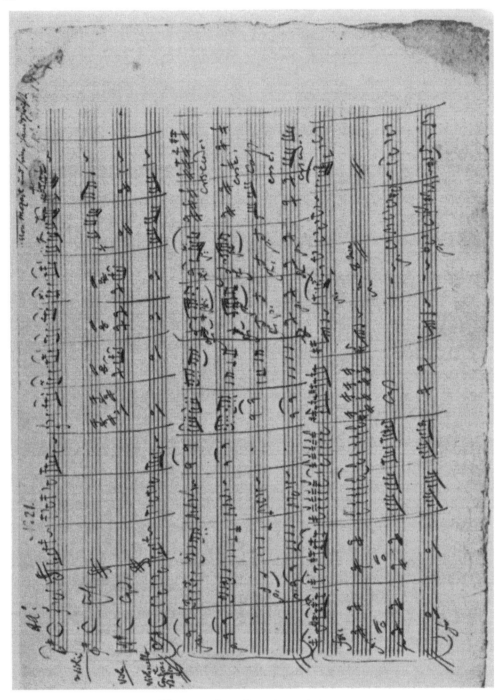

First page from the autograph score
Erste Seite aus dem Autograph der Partitur

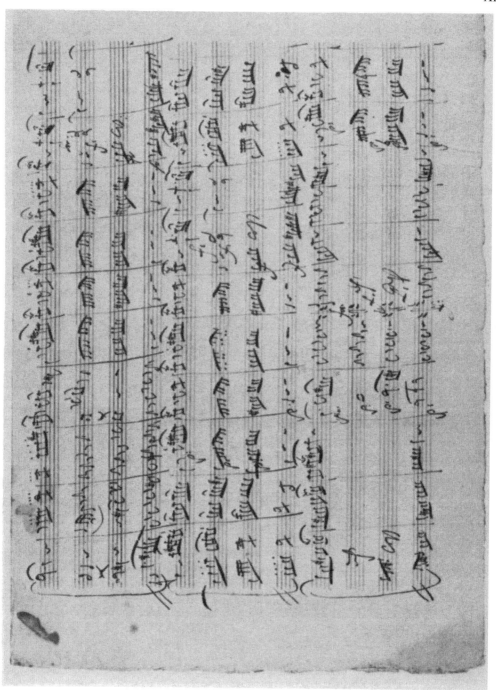

Autograph score, reverse of page 1
Autograph der Partitur, Rückseite von Blatt 1

EINE KLEINE NACHTMUSIK

Wolfgang Amadeus Mozart
(1756–1791)
K 525

No. 218   EE 6711

3

6

II. Romance

III. Menuetto

Trio

Menuetto da Capo

IV. Rondo

Allegro

Violino

Viola

Violoncello
e Contrabbasso

14

Coda